QUERIE

MW01377460

Espacio para Mensaje Personalizado

Querido Papá: Un Poema de Agradecimiento

COLECCIÓN DE POESÍA

Escrito por Macarena Luz Bianchi

Diseñado por María Paula Gabela

 Para recibir un libro electrónico gratis, contenido exclusivo, más maravillas, bienestar y sabiduría, suscríbete al boletín *Lighthearted Living* en MacarenaLuzB.com y mira sus otros poemas, libros y proyectos.

ISBN: Tapa Dura: 978-1-954489-66-0 | Tapa Blanda: 978-1-954489-65-3

Imprint

Spark Social, Inc. es una imprenta en Miami, FL, USA, SparkSocialPress.com

Información sobre pedidos: Hay licencias disponibles, libros personalizados y descuentos especiales en las compras de cantidades. Para más detalles, póngase en contacto con la editorial info@sparksocialpress.com.

QUERIDO PAPÁ

Un Poema de Agradecimiento

COLECCIÓN DE POESÍA

Macarena Luz Bianchi

Imprint
Spark Social Press

Mi Querido Lector,

Gracias por emprender la aventura de la paternidad.
Lo que proporcionas no tiene precio; a través de todo,
eres siempre amado y apreciado.

Disfruta.

Macarena Luz Bianchi

Querido papá,

Eres el capitán del barco que aspiro a ser.

Me enseñas a navegar incluso en los mares más turbulentos…

Te agradezco por tu amor,
tus ánimos y tu fé constante.

Gracias a ti,
puedo leer el mapa para encontrar
mi camino sin importar lo que
la vida me traiga.

Tu liderazgo me inspira de muchas maneras.

Estoy abierto a las aventuras cada día.

Amplías mis horizontes,
lo que me encanta, incluso cuando
me llamas la atención en algunas
de nuestras conversaciones.

He visto lo que es posible
con propósito, pasión y perseverancia,
así que el trabajo y el esfuerzo
no me asustan.

Gracias al respeto y la amabilidad que muestras a los demás, no me asustan los extraños ni lo que me espera en aquellas costas lejanas.

Querido papá, eres más que un capitán. También eres como el mar.

Puedes ser tranquilo y poderosamente fuerte cuando tienes que serlo.

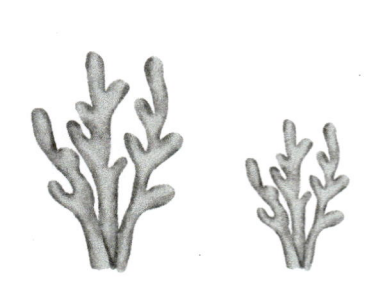

Inspiras abundancia, logros e infinitas posibilidades cuando compartes tu profundidad, y nos recuerdas, que el océano está lleno de peces.

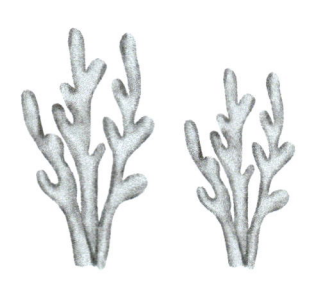

Soy como un surfista que atrapa tus olas -de apoyo- mientras me enseñas a confiar, a disfrutar del viaje y a seguir la corriente.

Aprecio la maravilla, el bienestar y
la sabiduría que me inculcas.

Me enseñas a navegar por la vida
con libertad y facilidad.

Querido papá, siempre te apreciaré
mientras navego por los mares que
he elegido y me convierto en el
capitán que me has enseñado a ser.

DEAR DAD

A POEM OF APPRECIATION

Dear Dad, you are the ship's captain that I aspire to be. You show me how to navigate even the most turbulent seas.

I appreciate your love, encouragement, and constant belief.

Thanks to you, I can read a map and will find my way no matter what life brings.

Your leadership inspires me in so many ways. I'm open to adventures each day.

You expand my horizons, which I love so much, even when you call me out during our tough talks.

I've seen what is possible with purpose, passion, and perseverance, so work and effort don't scare me.

Thanks to the respect and kindness you show others, I'm not afraid of strangers or what's waiting on distant shores.

Dear Dad, you are more than a captain. You are also like the sea.

You can be calm and powerfully strong when you have to be.

You inspire abundance, achievement, and infinite possibilities when you share your depth, and we remember the ocean is full of fish.

I'm like a surfer riding your waves—of support—while you teach me to trust, enjoy the ride, and go with the flow.

I appreciate the wonder, wellness, and wisdom you instill in me. You teach me how to navigate through life with freedom and ease.

Dear Dad, I will always cherish you as I sail my chosen seas and become the captain you taught me to be! ☀

QUERIDO PAPÁ

Querido papá, eres el capitán del barco que aspiro a ser. Me enseñas a navegar incluso en los mares más turbulentos.

Te agradezco por tu amor, tus ánimos y tu fé constante.

Gracias a ti, puedo leer el mapa para encontrar mi camino sin importar lo que la vida me traiga.

Tu liderazgo me inspira de muchas maneras. Estoy abierto a las aventuras cada día.

Amplías mis horizontes, lo que me encanta, incluso cuando me llamas la atención en algunas de nuestras conversaciones.

He visto lo que es posible con propósito, pasión y perseverancia, así que el trabajo y el esfuerzo no me asustan.

Gracias al respeto y la amabilidad que muestras a los demás, no me asustan los extraños ni lo que me espera en aquellas costas lejanas.

Querido papá, eres más que un capitán. También eres como el mar.

Puedes ser tranquilo y poderosamente fuerte cuando tienes que serlo.

Inspiras abundancia, logros e infinitas posibilidades cuando compartes tu profundidad, y nos recuerdas, que el océano está lleno de peces.

Soy como un surfista que atrapa tus olas -de apoyo- mientras me enseñas a confiar, a disfrutar del viaje y a seguir la corriente.

Aprecio la maravilla, el bienestar y la sabiduría que me inculcas. Me enseñas a navegar por la vida con libertad y facilidad.

Querido papá, siempre te apreciaré mientras navego por los mares que he elegido y me convierto en el capitán que me has enseñado a ser. ❁

¡Gracias!

Inspírate & Mantente Conectado

Para recibir un libro electrónico gratis, contenido exclusivo, más maravillas, bienestar y sabiduría, suscríbete al boletín *Lighthearted Living* en MacarenaLuzB.com y mira sus otros poemas, libros y proyectos. ✨

Agradezco tus Comentarios

Si te gusta este libro, revísalo para ayudar a otros a descubrirlo. Si tienes algún otro comentario, déjanos saber en info@sparksocialpress.com o en la página de contacto en MacarenaLuzB.com. Nos encantaría saber de ti y saber qué temas deseas en los próximos libros. 🌳

Sobre la Autora

Macarena Luz Bianchi tiene un enfoque alegre y empoderador y sus lectores la consideran cariñosamente como Hada Madrina. Más allá de su colección de libros de regalo y poemas, también escribe guiones, ficción y no ficción para adultos y niños. Le encanta el té, las flores y los viajes.

Suscríbete a su boletín *Lighthearted Living* para obtener un libro electrónico gratuito y contenido exclusivo en MacarenaLuzB.com y síguela en las redes sociales. 💖

Libros de Regalo

COLECCIÓN DE POESÍA

- *Asombrosa Mamá: Un Poema de Agradecimiento*
- *Enhorabuena: Un Poema de Triunfo*
- *Feliz Aniversario: Un Poema de Afecto*
- *Feliz Cumpleaños: Un Poema de Celebración*
- *Feliz Graduación: Un Poema de Logros*
- *Intimidad: Un Poema de Adoración*
- *La Amistad: Un Poema de Apreciación*
- *La Gratitud Es: Un Poema de Empoderamiento*
- *Mejórate Pronto: Un Poema de Acompañamiento*
- *Querido Papá: Un Poema de Admiración*
- *Ser Extraordinario: Un Poema de Autoestima*
- *Simpatía: Un Poema de Consuelo*
- *Valentín: Un Poema de Amor*

También disponibles para niños y adolescentes.
Versión en inglés: Gift Book Series.

CPSIA information can be obtained
at www.ICGtesting.com
Printed in the USA
LVHW070751211222
735518LV00015B/162